Flirten in der Disco

-

Entdecke die geheimen Strategien der Meisterverführer und erlebe den besten Abend deines Lebens

Inhaltsverzeichnis:

Einleitung

Hi! Erst einmal danke dafür, dass Du dir das Buch „Flirten in der Disco - Entdecke die geheimen Strategien der Meisterverführer und erlebe den besten Abend deines Lebens" gedownloadet hast. Mit dem Download zeigst du mir das Du dich verändern willst, endlich erfolgreich aus der Disco gehen und endlich die Chancen nutzen willst Frauen kennen zu lernen.

Dir kommt der folgende Ablauf sicherlich bekannt vor: Du freust dich schon seit Wochen oder Monaten auf die Eine Feier, auf der Du dir vornimmst endlich ein Mädchen, die Dir gefällt, anzusprechen. Du malst Dir in deinem Kopf schon vorher den gesamten perfekten Ablauf des Abends aus und bist davon überzeugt, dass du genau an diesem Einen Abend erfolgreich sein wirst.

Der eigentliche Ablauf ist dieser: Du versuchst Deine sozialen Ängste loszuwerden indem Du vorher mit deinen Kumpels (die meistens auch keinen Erfolg bei den Frauen haben) ordentlich vorglühst. Du benebelst deine Sinne, bleibst aber trotzdem in einem Zustand großer Anspannung wenn Du das Mädchen deine Träume im Club siehst. Du stehst stundenlang am Rand mit einem Becher Alkohol und machst dir Gedanken darüber wie zum Teufel Du sie ansprechen sollst. Die Stunden verstreichen schnell und Du stellst fest, dass nichts geschieht. Du fängst an Dir Vorwürfe über Deine Schüchternheit zu machen und Du zweifelst an Dir selbst. Vielleicht bist du ja einer derjenigen die sich daraufhin so betrinken das sie am nächsten Morgen mit einem höllischen Kater anstatt einer hübschen Frau aufwachen. Auf jeden Fall verlässt Du die Disco ohne Begleitung und legst dich von Schuldgefühlen zerfressen ins Bett.

Keine Sorge, so geht es vielen Typen. Deshalb habe ich dieses Buch geschrieben. Ich weiß wie sich dieser Zustand anfühlt und ich war damals bereit mich zu ändern. Somit bin Ich fester Überzeugung, dass Du dich auch ändern kannst.

Ich werde Dir zeigen was es heißt einen guten und erfolgreichen Abend zu erleben. Ich werde dir zeigen was es dafür braucht. Allerdings muss ich dich warnen. Dieses Buch wird Deine Gewohnheiten nicht verändern. Diese Aufgabe liegt immer bei dir selbst. Ich zeige Dir nur einen Weg das zu erreichen was Du schon immer vermisst hast: Spaß an einer Feier. Und ich meine damit nicht das Glücksgefühl welches du nach ein paar Shots Wodka-E bekommst.

Wenn Du alles, was Ich Dir jetzt beibringen werde, schon gewusst hättest, hättest du dir dieses Buch nicht geholt. Seine Fehler oder Verfehlungen sich Selbst einzugestehen ist der erste Weg zur Besserung. Allerdings muss man diese akzeptieren und den starken Willen und das Durchhaltevermögen aufbringen um diese Dinge auch wirklich anzugehen und zu ändern. Ich werde Dir nun zeigen wie Du dich ändern kannst, damit auch Du einen Erfolgreichen Abend bekommst, den sich jeder von uns verdient hat.

Kapitel 1: Das Mindset

In diesem Kapitel will Ich Dir erklären wie Du das richtige Mindset entwickelst, welches Dir in der Disco den Erfolg bringt den Du verdienst.

Als erstes solltest Du überlegen warum man überhaupt in eine Disco geht. Trinken? Tanzen? Musik? Flirten? – Alles stimmt zum teil. Das kommt auf jeden einzelnen drauf an. All diese Sachen machen wir aber nur aus einem einzigen Grund: um Spaß zu haben. Das bedeutet dass jeder in der Disco nur Spaß haben will. Deine Aufgabe ist es also nicht so und so viele Frauen abzuschleppen oder so und so viel zu trinken. Deine Aufgabe besteht darin möglichst viel Spaß zu haben. Dadurch hast du eine ganz andere (spielerische) Einstellung zum flirten und zu der Situation. Du denkst nicht mehr daran was du für die Frauen machen kannst oder was du tun musst um welche zu bekommen, du denkst daran wie du am meisten Spaß haben kannst. Das wirkt sich positiv auf deinen Flirt aus, denn Frauen wollen nichts anderes außer Spaß. Sie bekommen ihn immer durch Dich!
Mit diesem Mindset veränderst du die Rollenverteilung im Club. Du bist jetzt nicht mehr hinter den Mädels her, sondern die Mädels hinter dir. Du strahlst eine ganz andere Energie aus wenn du diese Gedanken verinnerlichst.

Was ich dir mit diesem Kapitel und dem gelernten Mindset sagen will ist: Der perfekte Abend und der dazugehörige Erfolg entsteht nicht durch das Abschleppen einer Frau oder durch das Trinken von Alkohol. Der perfekte Abend wird in deinem Kopf geschaffen, indem Du dir so viel Spaß wie möglich gönnst. Mit diesem Mindset bist du den anderen Männern um Meilen voraus die nur dann glücklich werden, wenn Sie an dem Abend „noch zum Schuss kommen". Diese „ Männer" machen den Fehler sich von Frauen abhängig zu machen. Du bist aber der coole Typ der in jeder Situation positiv gelaunt ist und jeden in seine Welt voller Spaß reist!

Kapitel 2: Die Situation in der Disco

In diesem Kapitel will ich dir kurz und knapp erklären in welcher Situation du bist. Um genau zu sein, wie du dein Mindset erweitern kannst indem du dir einige Dinge bewusst machst. Dies wird dir helfen dich in der Disco dauerhaft in einer positiven Stimmung zu halten, egal was passiert. Dazu stellen wir uns einige Fragen.

Ist dir schon einmal aufgefallen, dass sich Frauen noch viel mehr um ihr Aussehen kümmern wenn Sie ausgehen? Das machen Sie natürlich um Aufmerksamkeit und Bestätigung zu erhalten, und zwar von dir! Wenn du dir die anderen Typen anschaust wirst du bemerken dass die meisten am Rande mit einem Bier stehen. Sie scheuen sich Kontakt zu den hübschen Frauen aufzunehmen und diese anzusprechen. Ich persönlich finde den Anblick meistens sehr traurig dass sich die Frauen doch extra schick gemacht haben um aufzufallen und angesprochen zu werden. Lange Rede, kurzer Sinn: Wenn die Anderen es nicht tun, tust du es. Frauen lieben offen Kerle die nicht in einer Gruppe mit 5 Typen anrücken und ihnen hinterher gaffen oder sogar pfeifen. Da die normalen Jungs in diese Kategorie fallen, gehen wir davon aus das die Frauen sich nur für dich zu Recht gemacht haben. Wie ich im vorigen Kapitel schon angedeutet habe, wollen Frauen nur Spaß in der Disco. Im Club gelten also andere Regeln als am Tage auf der Straße. Der Club ist wie eine magische Zone indem man alles machen kann, ohne dafür verurteilt zu werden. Nutze das zu Deinem Vorteil aus und mache Sachen die du vorher noch nie getan hast, zum Beispiel ein verrücktes Rollenspiel, oder führe einen Zaubertrick vor. Du kannst sogar wie ein kranker Affe tanzen. Das wichtigste bei all dem ist es aber das du dabei Spaß hast und dich selbst wohl fühlst. Berühmte Verführungskünstler wie Julien Blanc, haben sogar die Philosophie entwickelt, das alles was in den ersten 2 Stunden des Abends passiert nicht zählt. Es hat also keine Relevanz was Sie in der Zeit tun. So nehmen Sie sich den Druck und kommen in eine positive Stimmung!

Da Frauen nur den Spaß wollen und du in dieser Zeit den Spaß verkörperst, wirst du Sie auch automatisch anziehen egal was du für verrückte Sachen tust. Probiere dich da einfach aus und habe in erste Linie Spaß!

Kapitel 3: Die Vorbereitung

In diesem Kapitel erfährst Du von mir die wichtigsten Sachen die du vor Beginn des Abends beachten oder machen solltest, denn wie viele Leute sagen: Erfolg ist, wenn die Vorbereitung auf die Gelegenheit trifft.

Der richtige Club:

Als erstes kommen wir zur Wahl der Disco. Wenn du in einer Großstadt wohnst ist das Angebot an Partyschuppen sehr hoch. Es ist deshalb wichtig zu wissen in welchen man am besten gehen sollte um erfolgreich zu flirten und einen spaßigen Abend zu haben.
Meine Empfehlung lautet: Je exklusiver der Club, desto besser. Durch Türsteher wird zum einen die Spreu vom Weizen getrennt, was bedeutet das die ganzen Leute aussortiert werden die zu betrunken sind oder zu plump gekleidet. Beides lässt nicht unbedingt auf Klasse schließen was bedeutet, dass dir lästige Leute vom Leibe gehalten werden.
Auch habe ich gelernt, dass in den exklusiveren Clubs, meistens die besseren Frauen sind welche es mehr wert sind für Sie auszugehen.

Der Location-Check:

Wenn du weißt welchen Club du besuchen willst ist es wichtig, dass du dir bevor das Getümmel losgeht einen Überblick über den Club verschaffst. Du solltest wissen wo man ungestört flirten kann (Lounges, Sitzmöglichkeiten, Bänke draußen) und wo man seinen Spaßtiger raus lassen kann (Bar, Tanzfläche).

Styling und Hygiene:

Da Frauen und Männer bekanntlich gleichermaßen auf ein gepflegtes äußeres achten will ich dir hier noch ein paar Tipps geben wie du auf einer Disco erscheinen solltest und was dir das Leben leichter macht.

Es versteht sich denke Ich von selbst, dass man nicht ungewaschen auf ein so ohnehin schon schweißtreibendes Event geht. Putz dich fein raus, ziehe die Sachen an, in denen DU dich am wohlsten fühlst. Das gibt Dir nochmal einen kleinen Rückhalt in deinem Selbstbewusstsein, denn du weißt: „Ich sehe heute Abend TOP aus!"

Ein großes Thema ist auch immer der Mundgeruch. Vielleicht geht es nur mir so aber immer wenn ich im Club bin kommt mir ein Typ entgegen der eine Fahne aus Alkohol und Knoblauch zusammen hat. Am besten du vermeidest solche Peinlichkeiten indem du immer Kaugummis oder sonstiges dabei hast.

In Sachen Styling will ich dir noch eine Methode mit auf den Weg geben die ich von den Profis sehr gut kenne. Sie nennt sich Peacocking. Übersetzt bezeichnet es das balzen eines Pfaus. Pfauen versuchen die Aufmerksamkeit der Weibchen auf sich zu ziehen indem Sie ihre prächtigen Federn präsentieren. Da wir Menschen bekanntlich keine Federn haben müssen wir beim Peacocking zu anderen Mitteln greifen. Um Aufmerksamkeit zu generieren werden nützliche Accessoires oder schrille Outfits verwendet. Dies können zum Beispiel ein Cowboyhut oder ein Anzug sein. Der bekannte amerikanische Verführungskünstler „Mystery" gilt als Urvater der Methode. Sein übliches Outfit bestand aus einer Federboa, also einem Schal mit Feder und einer Jacke die mit glänzenden Steinen vollgeklebt war. Er hatte sogar meistens Cowboystiefel an und die Hose war aus speziellem Tierleder. Zum Schluss rundete er es mit einem protzigen Gürtel ab. So seltsam das auch klingt und ausgesehen haben mag, sein Erfolg ist nicht zu bestreiten. Allerdings will Ich an dieser Stelle noch anmerken das diese Methode nicht in allen Ländern oder Kulturkreisen so gut funktioniert wie im verrückten Amerika. Außerdem ist Mystery einer der Wenigen die diese Methode benutzen weshalb ein legerer Kleidungsstil vollkommen ok ist. Im Gespräch kommt es sowieso nur auf deinen Charakter an, welches beim Flirten essenziell ist.

Wingman und Social Proof:

Den Begriff Wingman kennst du sicherlich schon aus der bekannten Serie „How I met your mother". Ein Wingman ist ein Kumpel der dich bei deinem Ziel, Spaß zu haben, so gut es geht unterstützt. Die Rolle eines Wingman sollte immer sehr selbstlos gespielt werden da sein Job nur ist, dich in die Arme einer süßen Blondine (Optional auch Brünett, Schwarz, oder Rot) zu treiben. Der Wingman ist nämlich dazu in der Lage all das zu machen was du nicht kannst. Ein gutes Beispiel dafür ist Angeben. Wenn man selbst von seinen Taten oder Errungenschaften berichtet, ist man schnell ein Angeber. Der Wingman darf davon aber erzählen, so viel er will! Wie man den Wingman am besten einsetzt erzähle ich aber in einem anderen Kapitel. Natürlich muss man keinen Wingman haben. Allerdings macht es meistens mehr Spaß und man kann sich für den Dienst gerne mal bei seinem Kumpel revanchieren.

Ein anderes Thema steht bei der Vorbereitung noch aus, obwohl es fast schon nicht mehr zur Vorbereitung gehört. Social Proof bedeutet grob die soziale Akzeptanz von so vielen Leuten wie möglich. Er spiegelt deinen sozialen Status wieder. Ein hoher Social Proof eröffnet dir nicht nur mehr Möglichkeiten der Interaktion in einem Club (welche zu mehr Spaß führen), sondern er bringt dich noch mehr ins Rampenlicht aller Frauen auf der Party. Um wen sich die Masse scharrt, auf den wird gestarrt. Ja, diesen Reim habe ich gerade beim schreiben Selbst erfunden. Er stimmt auch noch: Je mehr Interaktionen du auf der Feier mit den Menschen hast, desto mehr Aufmerksamkeit bekommst du. Sei einfach so offen, so gesprächig und so lustig wie möglich. Diese ganzen Interaktionen sollten allerdings positiver Art sein, da Schlägereien bei niemandem gut ankommen, außer vielleicht bei deinem Kopf.

Jetzt erkläre ich dir wie du Social Proof generieren kannst. Eine gute Ausgangsposition ist es immer wenn du viele Leute im Club kennst. Spreche mit ihnen, begrüße sie! Betrachte dich in jedem Gespräch wie der Gastgeber: Du sorgst dafür das alle Leute Spaß haben. Wenn du niemanden kennst, sprich mit Leuten die du noch nicht kennst und lerne sie kennen.

Auf neue Bekanntschaften kann man den ganzen Abend zurückgreifen und vielleicht schon so neue Frauen kennen lernen. Ein cleverer Move ist es auch den DJ zu begrüßen. Selbst wenn du ihn selbst nicht kennst kannst du mal bei ihm vorbeischauen und ihm sagen, dass er gute Musik spielt. Er wird sofort auf deiner Seite sein! Ehrliche Komplimente sind der Schlüssel zu den Herzen der Menschen. Selbst mit den Leuten hinter der Bar kann man kommunizieren! Eine gute Art um Social Proof zu generieren ist es auch auf der Tanzfläche so richtig abzugehen und möglichst viele Leute in seinen „Tanzkreis" zu holen. Klatsch mit so vielen Leuten wie möglich ab und hab einfach Spaß!

Wenn du diese ganzen Sachen vor dem „Hauptspiel", dem flirten beachtest, befindest du dich in einer sehr vorteilhaften Ausgangslage und bist allemal bereit den Abend unvergesslich zu machen!

Kapitel 4: Das Ansprechen

Jetzt kommen wir zu dem Teil wovor sich die meisten Kerle fürchten weil Sie denken, irgendwas könnte schiefgehen. Du bist nicht so ein Typ. Du hast jetzt den Social Proof um zu jeder Frau hinzugehen und mit ihr zu sprechen, schließlich sind Sie wegen dir und deiner Aufmerksamkeit dort, also weshalb Sie ihnen verwehren?

Bei den Profis haben sich 2 Varianten des Ansprechens herauskristallisiert: Die direkte Methode und die indirekte Methode. Auf beide werde ich genauer eingehen und dir dann eine Empfehlung für deinen Clubbesuch geben.

Die direkte Methode:

Die direkte Methode zielt darauf ab der Frau möglichst schnell klar zu machen was man will. Der Sinn ist es hierbei gleich zu signalisieren das man keiner von den Waschlappen ist die den Frauen erst einmal einen Drink ausgeben. Die Verfechter der direkten Methode lassen die Frau sofort wissen, dass es um mehr als einen Plausch geht. Sie verschwenden keine Zeit mit sinnlosem geflirrte. Viele Frauen reagieren darauf abweisend weil sie unter einem gewissen Druck danach stehen. Im Club erfüllt diese Methode eher selten ihren Zweck, wenn doch, dann nur weil die Frau verzweifelt oder betrunken ist. Selten sind es die selbstbewussten Frauen die genau wissen was sie wollen.

Obwohl die direkte Variante sich nicht so großen Erfolges erfreut, kann ich sie dennoch empfehlen für Anfänger. Vor allem als Anfänger hat man noch dieses kleine Stimmchen im Ohr das einem dauernd die besten Ausreden einflüstert. Bei der direkten Methode trainiert man den Kopf beim Flirt auszuschalten und seine Ängste abzulegen. Außerdem ist sie eine gute Methode um die Hemmungen für den Abend vollständig zu verlieren. Das einzige was man noch beachten sollte, ist es keinen albernen Machospruch zu bringen den sowieso jeder Typ bringt der der Frau hinterher pfeift. Sage der Frau ehrlich was dir an ihr aufgefallen ist und warum du sie ansprechen musstest. Und wenn es einfach nur sein sollte das sie „süß aussieht". Immer noch besser als: „Bist du vom Himmel gefallen?" Ich denke du verstehst was ich meine.

In die Kategorie der direkten Methode könnte man auch das spontane antanzen setzten. Allerdings empfehle ich es nicht weil man wenig Kommunikation mit der Frau aufbauen kann. Im Späteren Verlauf des Abends ist die Tanzfläche allerdings sehr sinnvoll. Dazu aber einem anderen Kapitel.

Die indirekte Methode:

Bei der indirekten Methode ist der Gesprächseinstieg viel harmloser. Eine Studie hat sogar bewiesen, dass die indirekte Methode zu 80% Erfolg hat, die direkte übrigens nur 10-20%. Aber halten wir uns nicht an Zahlen fest. Die gelten für die Profis schon lange nicht mehr. Die indirekte Methode beginnt meistens mit einem Vorwand die Dame anzusprechen. Hierbei unterscheide ich der Struktur halber in *Situationsbezogen* und *Lustiges Ansprechen*.
Situationsbezogene Anreden kann man zum Beispiel an der Bar benutzen wenn man fragen will was die Dame denn da cooles trinkt. Auch ist es möglich nach dem DJ zu fragen, vom Wingman vorgestellt zu werden (a la Barney Stinson) oder einfach nach einer Zigarette zu fragen (man kann gegen Rauchen sagen was man will aber es verbindet).

Das lustige Ansprechen hatte bei mir den meisten Erfolg eingebracht. Erstens nimmt man sich selbst den Druck, zweitens nimmt man der Frau den Druck. Es herrscht keine komische Situation, es gibt kein seltsames Schweigen. Alles ist im Flow sobald man sich darauf einlässt. Ein gutes Beispiel für diese Variante lieferte einmal einer meiner besten Freunde. Ein Mädchen hatte offensichtlich ihren Drink neben sich auf die Couch geschüttet. Er fragte aber sehr frech ob sie sich da etwa in die Hose gemacht hätte. Genial. Lustige Ansprechsituationen können auch entstehen wenn man in eine Rolle schlüpft (natürlich dient dies nur dem Ansprechen und führt immer zu einer lustigen Situation). Es macht so viel Spaß und man dreht meistens den Spieß damit um, bedeutet man wird vom Jäger zum gejagten. Ich war zum Beispiel schon schwul, und hatte auch schon viele Nationalitäten als Rolle (zum Glück konnte ich etwas Englisch). Das wichtigste hier ist, das man die Rolle so lange wie möglich hält. Natürlich gibt es noch viele andere Varianten wie man eine Frau indirekt ansprechen kann. Es gibt auch wesentlich harmloserer als das Wechseln der Nationalität (was nur als Spiel gedacht ist, denn das ist Flirten: Ein Spiel), zum Beispiel das Fragen nach einem Taschentuch. Allerdings sollte man sich nie auf ein paar Sprüchen ausruhen. Das Beste ist es immer noch das zu sagen was einem durch den Kopf geht. Das wirkt im Endeffekt auch viel natürlicher und attraktiver.

Jetzt will ich dir noch einen Tipp geben wenn du Gruppen ansprechen willst. Mach es allein. Es ist zwar gut einen Wingman dabei zu haben aber eine Ansprechsituation zu zweit wirkt meistens wie ein Überfall. Außerdem wirkst du Selbstbewusster wenn du es allein tust. Im weiteren Gespräch kannst du dann natürlich deinen Wingman dazu holen, bzw. er holt Dich dazu.

Kapitel 5: Das Gespräch/Vertrauen, Attraktivität aufbauen

Jetzt komme ich zum wichtigsten Part. Dieser Teil behandelt das Flirten an sich. Dabei kommt es auf 2 Kernpunkte genau an. Das Vertrauen und die Attraktivität. Ich werde dir nun erklären wie man sie im Gespräch aufbaut und warum die beiden Dinge so essenziell für deinen Erfolg sind. Zum Glück reden wir hier über das Flirten in der Disco. Auf der Straße herrscht eine ganz andere Situation. Im Club kann man sich mehr erlauben als auf dem Pflasterstein weil die Leute dort viel mehr darauf achten, was genau du tust. Außerdem sind sie meistens betrunkener im Club.

Vertrauen:

Damit eine Frau überhaupt mit einem Mann mitgeht oder wenigstens überlegt mit ihm zu schlafen, muss Vertrauen vorhanden sein. Ich meine wie viele andere Typen hat Sie denn an dem Abend kennen lernen dürfen die Sie nur billig angemacht haben und auf die Schnelle Nummer aus waren. Frauen brauchen dieses Vertrauen, das du nicht so ein Typ bist, um vor sich selbst und ihren Freundinnen eine gute Figur zu machen. Leider kommt es häufig vor das eine Frau, wenn sie zu schnell mit einem Mann mitgeht, eine Schlampe ist. Dass dies völliger Unsinn ist brauche ich kaum erwähnen. Frauen wollen genauso Sex wie Männer und haben auch das gleiche Recht wie Männer in der Gegend herum zu vögeln. Da die Leute die das Wort Schlampe in den Mund nehmen, nur aus Neid so reden ist ihnen selbst oft kaum bewusst. Sie gucken lieber anderen hinterher und verurteilen sie für Sachen die sie selbst gern einmal tun würden. Aber genug davon. Ein weiterer Grund warum Frauen Vertrauen brauchen ist der simple, dass sie einfach die Sicherheit brauchen das du kein Serienkiller oder Vergewaltiger bist. Verständlich, oder?

Jetzt ist es wichtig zu wissen wie du Vertrauen aufbaust. Nichts leichter als das denn in der Disco hast du die besten Voraussetzungen. Am Anfang eignen sich kleine Spiele wie zum Beispiel Daumencatchen oder du liest die Zukunft aus ihrer Hand, dass hat den Vorteil das du sie während der Spiele auch berühren kannst, wozu ich später noch komme. Ich spiele auch gerne ein Spiel bei dem ich einen Gegenstand meiner Wahl bei der Frau lasse, uns Sie ihn mir nach einiger Zeit wiederbringen muss. Der übliche Smalltalk ist für die Disco eher ungeeignet da man den schon im Alltag hat und man ja in den Club geht um dem zu entfliehen. Deswegen ist, wenn du die Frau jetzt schon ein wenig kennst, tanzen eine gute Idee. Aber Achtung! Die Tanzfläche ist nur für die die auch tanzen können. Wenn sie es nicht können, lernen sie es. Ich habe mal gelernt, dass man dann gut tanzen kann wenn man sich dabei richtig wohlfühlt. Das sehen auch andere! Außerdem steht tanzen in direkter Verbindung mit dem Thema Sex. Wer gut tanzt, ist auch im Bett ein guter Liebhaber! Beim tanzen an sich ist nichts verboten. Halten sie sich also nicht zurück auch mal einen komischen Move zu machen oder die Frauen durch die Gegend zu schmeißen, sie hochzuheben oder sie mit ihrer Hüfte stoßen. Das alles soll ja auch Spaß machen und kein stures nebeneinander-her-getanze werden. Eine wichtige Sache, die ich von den Profis gelernt habe sind auch die sogenannten *Location-Hoppings*. Das bedeutet nichts anderes als das du mit der Frau zusammen oft den Ort wechseln solltest: Von der Bar zu Tanzfläche zur Lounge usw. Die Frau wird merken, dass Sie von dir nichts zu befürchten hat da du ja schon überall mit ihr warst.

Attraktivität:

Attraktivität aufzubauen ist für den geübten sogar noch einfacher als Vertrauen aufzubauen. Attraktivität wird durch dein Auftreten in der Disco ausgedrückt. Sie ist wichtig weil sie ja wahrscheinlich auch für dich wichtig ist. Wenn man Ansprüche hat und sie an das andere Geschlecht stellt, sollte man auch einige davon selbst erfüllen, oder?

Jetzt werde ich dir im groben erklären wie du Attraktivität bekommst. Als erstes ist dein Äußeres Erscheinungsbild von Bedeutung. Wie schon in der Vorbereitung solltest du immer gepflegt auf einer Party erscheinen. Was noch viel wichtiger ist, ist der Social Proof den wir schon besprochen haben. Je höher dieser ist, desto besser. Verbinde dich also mit so vielen Leuten wie möglich. Letztendlich ist Dein Auftreten entscheidend. Wie wirkst du auf andere Menschen? Am besten Selbstbewusst, Herr der Lage, und vor allem zu einem bereit: Spaß.

Was gehört dazu? Eine Selbstbewusste Körperhaltung strahlt Dominanz aus. Ich sehe immer wieder Typen, die ihr Bier auf Brusthöhe halten und damit eine natürliche Schutzhaltung einnehmen. Das willst Du natürlich vermeiden. Ein schweifender Blick signalisiert Kontrolle. Sie könne mit ihrem Blick jedem sorgenfrei in die Augen schauen. Augen sind das Tor zur Seele, vor allem beim Flirten. Scheue keinen längeren Augenkontakt zu einer Frau. Das Stärkste nonverbale Flirten läuft über die Augen ab. Habe danach aber auch den Mut zu ihr rüber zu gehen! Zum Schluss setze dir das fetteste Lächeln auf das dir einfällt. Frauen mögen positive Typen die in jeder Situation Spaß haben können. Um Attraktiv zu wirken ist es ebenso wichtig sozial und Kommunikativ zu sein. Dabei kannst du mit jedem über alles reden was dir in den Sinn kommt, wortwörtlich. Ich habe schon mit einer Frau darüber geredet das ich kein Freunde hätte und das die einzigen Lebewesen mit Vertrauen zu mir Schildkröten wären. Was mich zu der letzten wichtigen Sache bringt die generell im Flirten gilt. Lache über dich selbst und nimm dich nicht so ernst. Das zeigt, dass du locker und ohne Sorgen durchs Leben gehst und das möchte jeder!

Jetzt gebe ich dir noch ein paar Hinweise wie du Hindernisse im Gespräch überwindest. Mit Hindernissen meine Ich nicht den Türsteher, sondern zum Beispiel die Freunde der Frau, die beste Freundin und andere Kerle. Es klingt hart aber diese Sachen können dir echt den Abend erschweren!

Jetzt erkläre ich dir wie du diese Hindernisse loswirst. Wenn du in eine Gruppe kommst, solltest du erst einmal klären wie die Verhältnisse zwischen den Leuten sind. Wo haben sie sich kennengelernt und gibt es irgendwelche Beziehungen die du beachten solltest. Wenn die Frau deiner Wahl nicht vergeben ist, solltest du herausfinden wer die beste Freundin von ihr ist. Sie ist diejenige die eure „Zusammenkunft" absegnet. Dies gilt auch für beste Freunde! Freunde dich mit ihren Freunden an und du hast schon die halbe Miete, dies schafft übrigens auch Vertrauen und Attraktivität. Sprich zuerst einmal mit ihren Freundinnen und ignoriere Sie vollständig. Nach ein paar Minuten kannst du dann mit ihr sprechen und die Flirtshow eröffnen. Später im Gespräch solltest du dann zu dem Punkt kommen indem du mit ihr alleine sein willst, um das Kino zu starten, welches sie vor ihren Freundinnen nicht machen kann. Zum Kino komme ich im nächsten Kapitel. Du isolierst die Frau natürlich nur mit dem Einverständnis ihrer Freudinnen, also fragst du höflich ob Du sie für 2 Minuten „entführen" darfst. Vor allem jetzt kann ein Wingman ins Spiel kommen der ihre Freundinnen beschäftigt. Am besten mit so viel Spaß und kleinen Spielen, dass sie gar nicht merken das ihre Freundin gerade mit Dir beschäftigt ist. Dein Wingman sollte natürlich darauf achten das er nur das Ziel hat dir eine gute Zeit zu verschaffen. Ach ja, der Job eines Wingman ist schon äußerst selbstlos. Allerdings kann man sich für diesen Gefallen auch einmal revanchieren!

Jetzt noch ein kleiner Tipp um lästige Kerle loszuwerden die dir vielleicht noch begegnen werden und die absolut unerwünscht sind. Bei den Profis nennt man sie Betas oder AMOG (Alpha Male other Guy). Solange du dich gelassen verhältst wird dir ein Beta niemals die Show stehlen. Ein AMOG ist allerdings kniffliger. Versuche dich mit ihm gut zu stellen und zu zeigen, dass da nichts mehr für ihn zu holen ist. Allerdings sind andere Alphas selten weshalb ich auf diese nicht mehr eingehen brauche. Wenn du einen siehst wirst du es wissen und man kann viel von ihnen lernen, weshalb sie nie negativ zu betrachten sind.

Kapitel 6: Kino, Eskalation und Pull

In dem Kapitel kommen wir zum krönenden Abschluss. Jetzt erfährst du wie du sexuelle Spannung erzeugst, die Situation eskalierst und die Frau anschließend mit nach Hause nimmst.

Kino(Berührungen/Nähe aufbauen):

Kino bezeichnet nichts anderes als das berühren der Frau. Das ist schon früh immens wichtig, dass du ihr signalisierst, dass du keine Hemmungen vor Berührungen hast. Du gibst ihr damit Vertrauen und sexuelle Energie. Jede Berührung ob zufällig oder absichtlich ist gut! Beim Kino kann man sich immer mehr steigern: Von der Umarmung zu einem streicheln der Hand und später zur Eskalation, dem Kuss.
Wie schon gesagt ist tanzen ein sehr gutes Mittel dazu, aber auch kleine Spiel eignen sich um die ersten Berührungen zu setzten und der Frau eine angenehme Atmosphäre zu ermöglichen. Solange die Berührungen für dich ok sind, sind sie es auch für die Frau! Merke dir das! Das Ganze hat etwas mit Selbstsicherheit zu tun.

Eskalation (Kuss):

Jetzt kommen wir zum wohl spannendsten Part, der Eskalation. Wenn du der Meinung bist genügend Zeit investiert zu haben ist es Zeit für die Eskalation. Der perfekte Zeitpunkt existiert übrigens nicht und ist bei jeder Frau anders. Deshalb musst du dich auf dein Gefühl verlassen.

Wenn du bereit bist zu eskalieren, intensiviere die Berührungen sehr schnell, fahre mit deiner Hand an ihrem Rücken lang und lege ihn in den Nacken. Jetzt kannst du sie küssen! Viele Männer scheuen sich davor, der Schritt muss aber getan werden. Mein Tipp: Der richtige Zeitpunkt ist der an dem du daran denkst, wenn er da ist, denke nicht mehr nach. Klingt schwerer als gesagt. Das ganze Erfordert ständige Wiederholung damit es ohne das übliche kribbeln kommt welches du eigentlich zu schätzen lernen wirst. Sorge dafür das sich die Frau in einer Umgebung befindet wo sie sich nicht beobachtet und wohl fühlt, dann kann nichts schiefgehen. Und noch ein kleiner Anreiz die Frau zu küssen. Selbst wenn sie ablehnt wird sie dennoch deinen Mut bemerken und sehen, dass du keiner von den Typischen Waschlappen bist.

Pull (Die Frau mit nach Hause nehmen):

Der Pull ist in der Profiszene das mitnehmen der Frau zu sich nach Hause oder an einen anderen beliebigen Ort um die Beziehung zu intensivieren. Zuerst musst du sichergehen das ihre Freundinnen damit ok sind das du sie „Entführst". Zweitens brauchst du einen Vorwand um die Disco mit ihr zu verlassen. Das ist vor allem für sie wichtig damit sie ihr Gesicht vor den anderen wahren kann. Die besten Ausreden sind: gutes Essen Zuhause, ein süßes Tier, Lust rauszugehen usw....
Zuhause angekommen kann es sein das sie trotz dem Kuss und den anderen Geschichten vorzeitig einen Rückzieher machen will. Hier kommen wieder die Gewissensbisse durch die die wahre Natur der Frau versteckt wird. Kommentare wie „Bist du auch so angetrunken wie ich?" sind manchmal von Nöten um den Frauen die nötige Ausrede zu geben. Was auch funktioniert ist es den Frauen noch einmal zu versichern, dass keiner etwas davon mitbekommt und so sollte es dann auch sein! Geheimnis ist Geheimnis und generell ist es auch eher eine private Angelegenheit. Ein Gentleman genießt und schweigt.
Wenn du diese Hürde übersprungen hast, hast du es geschafft. Wie das mit dem Sex funktioniert muss ich dir hoffentlich nicht mehr erklären, deshalb wünsch ich dir einfach nur gute Nacht!

Kapitel 7: To do's und No go's

Zum Abschluss will ich dir noch ein paar Stichpunkte mit auf den Weg geben, die Dir nochmal zeigen was Du zu tun hast und was Du besser lassen solltest wenn es um das Flirten in der Disco geht. Ich hoffe das Kapitel liefert Dir nochmal eine gute Zusammenfassung damit Du dein Wissen auch in der Disco gleich parat hast.

To do:

-gute Laune mitbringen
-tanzen können
-sozial und Gesprächig sein
-gepflegtes Äußeres
-selbstsicheres Auftreten

No go:

-schlechte Laune
-mit dem Bier am Rand stehen und es auf Brusthöhe halten
-ungesprächig sein
-zu hoher Alkoholkonsum -> man kann sich nicht mehr auf das Wesentliche konzentrieren

Schlusswort

Abschließend möchte Ich mich noch einmal von ganzem Herzen bei Dir bedanken.

Mit dem Erwerb dieses Ratgebers hast Du mir gezeigt, dass Du Vertrauen in mich, meine Erfahrungen und meine Arbeit gesetzt haben.

All das Wissen habe ich mir über die Jahre mühsam angeeignet und versuche dieses nun so gut und verständlich wie möglich Dir mit auf den Weg zu geben. Ich hoffe Ich kann Dich damit auf Ihrem Lebensweg unterstützen!

Ich hoffe, dass Du einiges aus diesem, bewusst kurz gehaltenen Ratgeber, der alles knackig auf den Punkt bringen sollte, mitnehmen konntest und mit den Inhalten, Tipps und Trick positive Veränderungen erzielen kannst.

Jetzt weißt du sehr viel über das Flirten in der Disco und kannst es sogar mit den Profis aufnehmen. Allerdings will ich dir noch sagen, dass von der reinen Theorie noch niemand zum Meister geworden ist.

Ich selbst bin unzählige Male in Diskotheken gerannt um meine Technik zu verbessern. Was ich dir damit sagen will das du es nur lernst indem du selbst rausgehst und versuchst die Theorie umzusetzen. Und wenn es am Anfang nicht so klappt wie gewollt, reflektiere für dich selbst was du beim nächsten Mal besser machen kannst. Auf jeden Fall wünsche ich dir bei jedem Clubbesuch viel Erfolg und vor allem viel Spaß wenn Du mein Wissen anwendest!

Über ein Feedback Deinerseits, mittels einer Bewertung auf Amazon, würde ich mich sehr freuen und es sehr schätzen!

Wenn dich das Thema Flirten, Dating, Beziehungen und Persönlichkeitsentwicklung mehr interessiert, schau doch mal bei meinem Blog vorbei. (**easy-attraction.de**)

Ich wünsche Dir für deine Zukunft alles erdenklich Gute und hoffe Dich auch weiter auf deinem Weg, mit meinen Erfahrungen und Tipps, unterstützen zu dürfen.

Herzlich grüßt,

Daniel Karnatz

Bonus-kapitel:

Um meine Dankbarkeit noch ein bisschen mehr zum Ausdruck zu bringen möchte ich Dir hier einen kleinen Ausschnitt aus meinem Buch: **Alpha-Mann** kostenlos schenken. Den Link zum Buch findest Du auch nach diesem Kapitel unter den Büchern des Autors. Viel Spaß!

Eigenschaften eines wahren Alpha-Mannes

Sie wollen sicherlich nicht als Beta bezeichnet werden...
Aber was heißt es eigentlich ein Mann zu sein?
Möglicherweise lesen oder hören Sie sehr häufig dass ein Mann männlich sein muss um Erfolg bei Frauen zu haben. Doch wer sagt Ihnen was Männlichkeit ist und wann ein Mann ein Mann ist?

Da die Unterrichtung dieser Eigenschaften in den Schoß der Väter fällt, ihn die meisten aber nicht wahrnehmen weil sie teilweise selbst noch keine Ahnung von der Materie haben, kommt es bei den meisten Heranwachsenden zu einem „männlichen Defizit".

Ein wahrer Mann, oder auch Alpha, ist ein äußerst kommunikativer Mensch, der sich mitten unter einer Vielzahl von Menschen oder auch einer kleinen Gruppe pudel wohl fühlt und dort ganz automatisch zum Sprecher der Gruppe wird. Er drängt sich niemals in den Mittelpunkt sondern wird stattdessen durch seine offene Art automatisch zu diesem.

Seine Kumpels bezeichnen ihn oft als "coolen Typen" und suchen meist seine Aufmerksamkeit und seinen Rat. Ein Alpha ist jemand, der seine eigene Meinung hat und diese vertritt wenn er es für angemessen hält. Zugleich lässt er sich durch gute Argumentation auch von anderen Ansichten überzeugen und beharrt nicht stur auf seiner Meinung.

Der Alpha pflegt eine offene und lebhafte Körpersprache. Er gestikuliert viel und kann in einem Gespräch mit Hilfe seiner Mimik sein Interesse ausdrücken. Er schaut seinem Gesprächspartner zumeist in die Augen, ohne dabei ein unangenehmes Starren zu verursachen. Eher wirkt es als wäre eine Spannung zwischen den Augen, wie bei dem Film „James Bond".

Er nimmt sich Zeit und Raum wie er es für angemessen hält. Durch langsames Sprechen, einen festen Stand und eine raumeinnehmende Körperhaltung wird Kompetenz und Dominanz vermittelt. Er weiß um die Geheimnisse der Körpersprache und weiß wie man sich richtig einsetzt.

Wie geht der Alpha mit anderen Menschen um?

Der Alpha, hat einen großen Freundes- und Bekanntenkreis und kennt daher viele Leute. Er hat seine sozialen Fähigkeiten oftmals innerhalb mehrerer Jahre aufgebaut und optimiert. Im Umgang mit Mitmenschen macht er keinen Unterschied zwischen Männern und Frauen. Obwohl er niemals beleidigend Frauen gegenüber wird, behandelt er sie wie jeden anderen auch und bleibt seinem Frame "Ich bin was ich bin" treu. Vor allem scheut der Alpha niemals vor Körperkontakt zurück. Dies gilt sowohl für seine Freunde, als auch für Frauen.

Der Alpha übernimmt die Verantwortung für sein Handeln und kann gegebenenfalls auch über sich selber lachen. Durch seinen hohen Status und seine sozialen Kompetenzen werden ihm Missgeschicke und Schwächen zumeist nicht angekreidet. Der Alpha steht zugleich zu seinem sexuellen Interesse an Frauen und schämt sich nicht für einen Blick auf ein schönes Dekolleté einer Frau.

Ein Alpha stellt die Frau niemals an erste Stelle in seinem Leben sondern hat übergeordnete Ziele und Interessen, denen sich die Frau unterzuordnen hat.

Weitere Bücher des Autors:

Alpha-Mann: Wie du deine verführerische, männliche Kraft entfesselst

Selbstbewusstsein: Befreien Sie sich von Ihren inneren Ketten und erlangen Sie grenzenlose Freiheit

Rechtliches und Impressum:

Ich bin stets bemüht, alle Informationen und Angaben in diesem Buch korrekt und auf dem neusten Stand zu halten. Leider ist es trotzdem nie vollkommen ausgeschlossen, dass Fehler und Unklarheiten entstehen. Aus diesem Grund übernehme Ich keine Gewähr für Aktualität, Richtigkeit, Qualität und Vollständigkeit dieses Werkes. Für Schäden die durch die (Nicht-) Nutzung dieser Informationen, sowohl mittel- als auch unmittelbar entstehen, hafte Ich nicht. Für Hinweise auf Fehler und Unklarheiten wäre Ich Ihnen sehr dankbar!

Zum Autor:
Daniel Karnatz
Tiefer Weg 22
01689 Weinböhla
karnatzdaniel@gmail.com

www.ingramcontent.com/pod-product-compliance
Lightning Source LLC
Chambersburg PA
CBHW072012280526
45788CB00005B/2016